El concepto de *karōshi* y otras consecuencias del capitalismo global en Asia Oriental

Celia Calderón Paredes

Bachelor's Thesis

[May 2025]

Universidad de Sevilla

Supervisor: Fernando Gilabert Bello

Faber & Sapiens

El concepto de *karōshi* y otras consecuencias del capitalismo global en Asia Oriental

CELIA CALDERÓN PAREDES

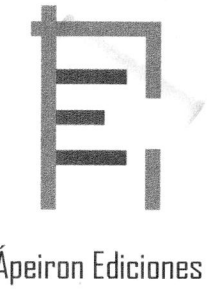

Ápeiron Ediciones

First Edition by Faber & Sapiens,
an imprint of Ápeiron Ediciones,
in 2025

© Faber & Sapiens
© Ápeiron Ediciones
C/ Príncipe de Vergara, n.º 132, planta 9
28002 Madrid
Tfno. (+34) 611 00 28 41
E-mail: info@faberandsapiens.com
http: www.faberandsapiens.com

Design and layout: Ápeiron Ediciones

ISBN: 979-13-990747-3-4
DL: M-18486-2025

Resumen

Este trabajo de investigación analiza y presenta las consecuencias del capitalismo global en Asia Oriental, con especial desarrollo en la sociedad japonesa debido al acercamiento al concepto de *karōshi*, como un síntoma de la posmodernidad y la crisis existencial actual con características culturales, históricas y de modelos de pensamiento japonés. Se abordará la cuestión a través de un enfoque filosófico desde la obra de algunos autores como Mark Fisher o Yuk Hui que han tratado la problemática desde distintas perspectivas, poniendo en relación esta problemática con factores de la historia del pensamiento japonés que ayudarán a concluir con una reflexión final.

Se abordará el concepto de postcapitalismo o capitalismo tardío para referirnos al capitalismo más último, más presente, desde la obra de Mark Fisher, como instancia última y bloqueadora del futuro, debido a la temática de esta investigación que se embarca hacia ese aspecto más nihilista del concepto. Del mismo modo se emplea el concepto de nihilismo consumado como la negación totalizante de los valores y la fase más avanzada de este concepto. Se hará uso de otros conceptos de algunos autores usados para esta investigación, citados en el propio texto y en la bibliografía señalada tras la conclusión.

Parte del estudio se apoya en el pensamiento de la Escuela de Kioto y de sus respectivos y principales autores: Kitarō Nishida, Hajime Tanabe y Keiji Nishitani, de quien tomaremos en particular en su obra *La religión y la nada*, para repensar el concepto de trabajo desde la perspectiva del vacío y la confrontación con el nihilismo. Asimismo, se incorporan las reflexiones de Yuk Hui sobre la técnica en China y la posibilidad de una reorientación cultural desde marcos de pensamiento asiáticos que aportan luz al problema planteado por Fisher y otros filósofos occidentales en relación a la posmodernidad y el auge de la tecnología.

La discusión finalizará con una conclusión que ayudará a cerrar el trabajo así como a invitar a la reflexión, ofreciendo herramientas para una crítica profunda al modelo laboral actual y abriendo la posibilidad de una reapropiación del trabajo como experiencia significativa y no alienante.

Palabras clave: *karōshi*, precariedad, capitalismo tardío, salud mental, posmodernidad, pensamiento japonés.

Abstract

This research paper analyzes and presents the consequences of global capitalism in East Asia, with a particular focus on Japanese society due to the exploration of the concept of karōshi as a symptom of post-modernity and the current existential crisis, characterized by cultural, historical, and Japanese modes of thought. The issue will be addressed through a philosophical approach, drawing on the work of authors such as Mark Fisher and Yuk Hui, who have tackled this problem from different perspectives, relating it to elements of the history of Japanese thought that will contribute to a final reflection.

The concept of post-capitalism or late capitalism will be discussed to refer to the most recent, present-day form of capitalism, through the work of Mark Fisher, who describes it as the ultimate instance and a blocker of the future—particularly relevant to the nihilistic dimension explored in this research. Likewise, the concept of completed nihilism is employed, understood as the total negation of values and the most advanced stage of nihilism. Other concepts from various authors used in this research will also be employed and cited within the main text and in the bibliography following the conclusion.

Part of the study is grounded in the thought of the Kyoto School and its main representatives: Kitarō Nishida, Hajime Tanabe, and especially Keiji Nishitani, whose work *Religion and Nothingness* will be drawn upon to rethink the concept of labor from the perspective of emptiness and confrontation with nihilism. Additionally, Yuk Hui's reflections on technology in China and the possibility of a cultural reorientation based on Asian thought frameworks are incorporated, shedding light on the problems raised by Fisher and other Western philosophers regarding postmodernity and the rise of technology.

The discussion will end with a conclusion that aims to bring the work to a close while inviting further reflection, offering tools for a deep critique of the current labor model and opening up the possibility of reclaiming work as a meaningful and non-alienating experience.

Keywords: *karōshi*, precarity, late capitalism, mental health, postmodernism, japanese intellectual tradition.

CONTENTS

1. Introducción

La idea de esta investigación surge de un interés personal, pues me preocupa sobremanera cómo el mundo actual cambiante e impredecible parece amenazar especialmente a mi generación y a las más jóvenes de manera implacable. Estas generaciones, cuya constitución se presenta, de suyo, precarizada, han asumido una percepción de la vida social como un campo de guerra, un lugar en el que todos son o bien ganadores o simples perdedores, es decir, eliminadores o eliminados, un espacio en el que la solidaridad y la empatía son peligrosas distracciones que solo sirven para debilitar al guerrero que nos vemos obligados a ser (Berardi, 2017). Las dinámicas globalizadoras y liberalizadoras en lo económico han dibujado una realidad un tanto catastrófica con respecto a las formas de vida de las personas, de modo tal que cada vez se es más esclavo de un malestar generalizado y un estado mental insalubre al ser anestesiado de forma sistemática y contundente. La dromología salvaje que presenta el mundo actual abre y cierra debates aún antes de que concluyan de forma constante, desplegándose en un sinfín de información sin un valor último y desde el que se construyen narrativas reduccionistas y polarizadas. Con este estudio, esta preocupación ha sido trasladada a la realidad contemporánea de Asia Oriental, pues las sociedades asiáticas son buenos ejemplos que permiten una apreciación del modo en el que la omnipresencia de las nuevas tecnologías, la sensación de incertidumbre y la precariedad laboral también han penetrado en los panoramas no occidentales y cómo se ha relacionado esto con su cultura y ontología.

Confío en la necesidad de una mirada desde otra perspectiva hacia las dinámicas globalizadoras que se han desplegado en Asia Oriental como consecuencia del imperialismo de los Estados hegemónicos en Occidente que, entre otros factores, provocó la gran aceleración que la condujo a diversas formas de destrucción cultural, medioambiental, social y política (Hui, 2024). La identidad de la sociedad japonesa, flagrante ejemplo en el que se centrará el grueso de este estudio, se ha visto transformada de diversas formas con la introducción de los parámetros de la modernidad occidental y la ruptura con su pasado, con el cual se ha vinculado y desvinculado periódicamente al antojo capitalista, desdibujando parte de su tradición filosófica y religiosa.

En esta investigación se tratarán los efectos del capitalismo tardío y el auge del mercado neoliberal a través de algunos autore que han aportado distintas teorías con respecto a los futuros próximos, aplicado principalmente a los tres países del Asia Oriental hacia los que se han enfocado los estudios del Grado de Estudios de Asia Oriental: China, Japón y Corea del Sur, con especial énfasis, como se ha señalado, en Japón, y los factores culturales e históricos que proyectan esta problemática de una forma más enfocada. Además, apoyaremos tal hipótesis en otras perspectivas de autores japoneses, como Fukuzawa Yukichi, con respecto a la modernización del Japón post Meiji y sus transformaciones institucionales y sociales para aportar un contexto contundente que permita al lector una correcta comprensión.

Estado de la cuestión y objetivos

Una de las problemáticas centrales de las que trata este trabajo es el *karōshi*, (en grafía japonesa かろうし 過労死; death from overwork (Jisho.org, 2025)), traducido al castellano como "muerte por exceso de trabajo". El *karōshi* es un fenómeno que ha captado la atención a nivel internacional y que ha sido una herramienta sensacionalista para la construcción de la identidad japonesa de cara a occidente durante el último siglo de nuestra era. Este concepto no está atribuido a ningún autor en concreto ya que comenzó a ser usado por algunos médicos, académicos y activistas del ámbito laboral para describir las crecientes muertes repentinas que comenzaron a afectar a jóvenes trabajadores en Japón, no fue hasta la década de los ochenta del siglo pasado, con el triunfo de una autoridad gerencial sin restricciones, el *karōshi* fue identificado y desarrollado en discursos médico-legales por médicos japoneses y abogados laboristas preocupados por el fenómeno (North, 2000). El término se ha visibilizado en estudios como el de Scott North; *Karōshi Activism and Recent Trends in Japanese Civil Society: Creating Credible Knowledge and Culture (2000),* y es por esta razón que emplearé parte de su estudio a la hora de hablar sobre el concepto.

Esta esclavitud moderna encierra unas claves que abarcan más allá de una sociedad estrictamente jerarquizada, del código moral que promete lealtad a las empresas por parte de sus trabajadores o de una ética intrínseca a los asiáticos como si de una maldición se tratase. Ciertamente Japón, a fin de adaptarse a los preceptos de la modernidad que vino de Occidente, ha impulsado unos modelos de producción altamente exigentes que someten a los trabajadores a largas jornadas laborales con una normalización sistemática de las horas extras dentro de las corporaciones, reduciendo a puros instrumentos de producción a los trabajadores y consecuentemente conduciendo a una pérdida del ser, pero, no obstante, los efectos y resultados que se han obtenido en el país no son enteramente a causa de este modelo de producción autóctono. El *karōshi* supone esa instancia más radical de un sistema capitalista peligrosamente veloz que no es exclusivamente japonés, aunque sea el ejemplo paradigmático. Cuando el trabajo se encarga de definir la existencia del ser en el mundo su esencia queda completamente aniquilada y pierde el sentido de su existencia.

Es preciso tener en cuenta, por tanto, aquellos factores culturales, sociales, históricos, mitológicos, y un largo etcétera, que fluctúan hasta la actualidad y que han transformado las sociedades capitalistas civilizadas de algunos países de Asia Oriental en un modelo localista, impregnado de matices y diferencias significativas no solo en su desarrollo, sino también en sus resistencias, de las cuales hablaremos más detalladamente en el quinto apartado del trabajo. Los espacios laborales precarios se han materializado de una forma diferente en Japón a diferencia de otras sociedades capitalistas, sin embargo, no querría plasmar en estas páginas un discurso simplista que aísle a esta sociedad asiática del resto de problemas en que se sumergen el resto de países occidentales cuya economía está reglada bajo la normativa del capital, y que están engendrando una problemática realmente preocupante que tiene su origen en la liberación de mercados, en el desarrollo y uso exponencial de las nuevas tecnologías y en el auge del individualismo, entre otras cosas, permeando todas las áreas de la experiencia contemporánea a día de hoy (Fisher, 2009).

Hay multitud de autores que han escrito sobre las sociedades neoliberales y sus características y las catastróficas consecuencias que sus modelos originan, no solo autores occidentales, que no son los más cercanos, sino también orientales, que han expuesto sus preocupaciones sobre los usos de las nuevas tecnologías y las dinámicas que ha traído la ruptura del *establishment* de la modernidad. Sin embargo, existe también mucha producción académica que sigue ignorando y simplificando esta cuestión en Asia Oriental. De este modo, esta investigación no tratará de indagar en los datos económicos, cuantitativos o sanitarios con respecto al fenómeno de "muerte por exceso de trabajo" en Asia Oriental, ni se centrará en la explicación detallada de dicho concepto, si no en la ampliación del conocimiento de dicho fenómeno a través de un análisis filosófico con fuentes primarias y otros estudios secundarios, a partir de autores ya señalados anteriormente, que aportan conceptos propios y planteamientos que han ayudado a enriquecer la cuestión tratada en este trabajo. Del mismo modo, se busca abrir el debate y la reflexión con el propósito de que estos debates ayuden a tender puentes entre oriente y occidente a través de una cuestión actual y, a todas luces, trascendental.

Metodología

La estructura de este trabajo está centrada en una interpretación teórica y una revisión filosófica contemporánea, que comienza con un primer bloque introductorio en el que se incluye un resumen que permite un acercamiento breve y primario al tema investigado, para luego indagar progresivamente a través de la introducción, donde se mencionan temas más concretos y se señalan autores que han sido primordiales para el desarrollo de este trabajo. El punto segundo plantea del mismo modo una introducción, un acercamiento a la situación actual y las interpretaciones filosóficas que han llevado a la teorización y condensación de movimientos de un momento y movimiento epocal que llamamos posmodernidad. Se exponen las consecuencias de un nuevo paradigma mundial lleno de incertidumbres, que ha llevado a las sociedades a situaciones tan desesperantes como el *karōshi*. A continuación, en el tercer punto, se llega al núcleo de la cuestión con la exposición y definición del concepto, además indicar de la salud mental como problema, ya aplicado a la sociedad japonesa con sus particularidades, y de qué modo el capitalismo ha invadido también los espacios de cuidado y autocuidado de la sociedad. En el punto cuatro, se introducen los conceptos de re-asiatización y des-asiatización a través de su contexto histórico, lo que nos conduce al análisis de la cultura pop asiática como elemento de seducción y persuasión, contribuyendo a la proyección de una imagen alterada y el auge de la turistificación en las áreas urbanas. En el quinto apartado, se proporcionará un acercamiento al modelo de pensamiento desarrollado por los integrantes de la Escuela de Kioto, en el siglo XX, en relación al concepto de "nada", tal y como uno de los principales exponentes de esta escuela Kitarō Nishida, lo trata en su obra *La lógica del lugar y la cosmovisión religiosa*, tomando la noción de la nada absoluta y sus implicaciones religiosas descritas en la misma, con intenciones de aproximación a la crisis posmoderna, abriendo la posibilidad de una alternativa y de nuevas formas de pensar en la cuestión, además, de la obra de Yuk Hui se tomará la pregunta por la técnica en Asia Oriental para exponer la importancia de las diferencias que albergan los orígenes de la tecnología en Oriente con respecto de Occidente, siendo el trabajo de Yuk Hui especialmente revelador al proponer una reconsideración del concepto de técnica a partir de una "cosmotécnica" que determina a cada cultura según sus tradiciones más ancestrales y cómo esta cuestión se ha ignorado en la actualidad con la hegemonía de las nuevas tecnologías provenientes de occidente como la única opción aceptable.

Para cerrar el trabajo, como último apartado, una conclusión que resume parte del trabajo, además de exponer algunas reflexiones más personales las cuales hemos considerado más relevantes para la culminación de la presente investigación.

Por último, a modo aclaratorio, respecto de la metodología aquí empleada, es conveniente aclarar que la transcripción de nombres y términos procedentes del japonés se ha realizado de acuerdo con el sistema Hepburn y su correspondiente escritura japonesa entre paréntesis.

2. LAS VIEJAS CERTEZAS SE HAN DERRUMBADO

Las tesis que defienden el pensamiento posmoderno han acabado con los metarrelatos que creaban y legitimaban la ilusión de la existencia de una historia humana universal. La desaparición de las bases tradicionales, plantea un desafío dentro de las narrativas que sostenían el poder a partir de las cuales se da lugar a una nueva versión de las formas de vida. Estas nuevas formas han resultado oscuras para el ser humano en su potencialidad, quien, en última instancia, ha caído en el nihilismo al no encontrar un fundamento último que dote de sentido a su existencia. Las nuevas formas de poder se constituyen de manera hegemónica justamente gracias a esta pérdida, a este vacío posmoderno donde los deseos ya han sido satisfechos al completo. Al no haber deseos firmes que satisfacer, nuestra mente pierde la noción y se dispersa radicalmente. La crisis de los metarrelatos implica una conciencia profunda de multiplicidad e inestabilidad desde la que ya no se puede volver hacia atrás porque dichos metarrelatos no es que hayan sido alcanzados y superados, sino que han sido eliminados, propiciando una apertura de nuevas posibilidades que ha abrumado y radicalizado al ser humano en su singularidad más intrínseca, dejándolo en disponibilidad absoluta de su propio ser. El ser humano se ha vuelto escéptico hacia aquellos relatos que sostenían el mundo y, por tanto las luchas sociales dejan de tener la fuerza que tenían anteriormente, las motivaciones que movían a las sociedades hacia la emancipación y el progreso parecen haber sido sustituidas por una apatía extrema.

A este proceso de ocaso de los valores y caída en el nihilismo, lo define Nietzsche con la idea de la muerte de Dios o la desvalorización de todos los valores supremos (Vattimo, 1985). Por su parte, Heidegger señala que el ser queda aniquilado en cuanto se transforma completamente en valor, quedando sometido por el sujeto que "reconoce" su valor, en tanto que solo es visible (dicho valor) si hay un otro que lo ve. La relación entre las definiciones de Nietzsche y Heidegger incide en la pérdida de los valores, la eliminación de los límites del valor del ser humano, pues en ambos se aduce que ya no hay una instancia final y bloqueadora que conduzca al ser humano a una meta, dando rienda suelta al despliegue de los valores por distintos procesos. En este proceso, el nihilismo es la transformación del valor de uso en valor de cambio. El triunfo de la racionalidad técnica ha instrumentalizado las vidas humanas, las ha transformado en un bien explotable carente de espíritu. Es lo que Heidegger dirá respecto del marco ontológico que supone la *Ge-Stell*, la transformación total del mundo que nos rodea en objetos productivos, siendo este factor clave para entender de qué modo Europa y Occidente se relacionan con la técnica en la era moderna. Es esta transformación la que nos hará olvidar la propia pregunta por el ser y emprender una vida carente de humanismo.

Spengler sostiene que en la fase final de ocaso a la que ha llegado nuestra civilización, las actividades adecuadas no son ya las de creación de obras de arte o pensamiento, propias de la edad juvenil, sino aquellas de organización técnica, científica, económica del mundo que empero culminan en el establecimiento de un dominio que en el fondo es de tipo militar (Vattimo, 1985: 38).

El desarrollo de las nuevas tecnologías ha permitido que la concepción del arte se haya desfigurado por completo. El mal uso actual de la tecnología ha dirigido a las máquinas a la creación de algo que podríamos señalar como arte, sometiendo la expresión humana al algoritmo. Aquel deseo primario de crear una maquinaria que permita al ser humano liberarse de la carga física y del trabajo forzoso quedó desechado en el momento en el que la tecnología se convirtió en un arma de castigo más para el ser humano, pero ya parece que es demasiado tarde para retornar.

El nihilismo consumado es la situación en la que se encuentra la persona que ha comprendido que la nada es su única posibilidad. Esta situación "anímica" es pareja a aquella con la que Martin Heidegger define el nihilismo: el proceso en el cual, al final, del ser como tal, "ya no queda nada"-el olvido del ser-. Cuando la vida humana queda reducida a su capacidad para generar beneficios, el olvido del ser es inevitable y la romantización de la productividad se apodera de las intenciones vitales. La producción material, esto es, la economía, ha determinado la organización social tanto desde el capitalismo como desde el marxismo, si bien este último trató de recuperar el valor de uso y su nominatividad, apostando por una perspectiva socialista que trató de liberar del carácter de alineación del trabajo, pero, por desgracia, sin obtener grandes resultados. Desde un punto de vista "nihilista", parece que la cultura del siglo XX hizo imposible toda posibilidad de reapropiación debido a los fracasos no solo teóricos, sino prácticos del socialismo real y las cuestiones políticas del marxismo. La perspectiva de la reapropiación perdió su significación de norma ideal (Vattimo, 1985). El ser humano ya no necesita creer que tiene un alma inmortal, ni que tiene que trascender a un más allá, ahí muere Dios. Las conquistas políticas anteriormente logradas mediante las luchas sociales han sido aniquiladas, el acceso a una educación y una sanidad de calidad y la disponibilidad del tiempo de ocio fueron derechos sociales que ahora han sido "recortados", sino directamente eliminados como consecuencia de la derrota política del socialismo marxista, "la sociedad retrocede a una condición de pobreza y dependencia, con la consiguiente reaparición de la ignorancia de masas" (Berardi, 2017: 57).

"El nihilismo acabado nos llama a vivir una experiencia fabulizada de la realidad, experiencia que es también nuestra única posibilidad de libertad" (Vattimo 1985: 31). Cuando la libertad se ve únicamente reducida al concepto de éxito -remitiendo tal "éxito" exclusivamente a lo económico- la felicidad se convierte en algo imposible para el ser humano, pues la construcción de alegatos que avalan el esfuerzo, la individualidad y la competitividad introducen a las personas en una dimensión totalmente falsa, ilusoria y sin escapatoria aparente. La proliferación de este tipo de discursos en nuestro siglo ha conducido a la creación de una generación de jóvenes con una construcción identitaria frágil, que, en muchos casos, ha conducido a la violencia y la misoginia, especialmente en espacios virtuales (Lacalle, Gómez-Morales & Vicent-Ibáñez, 2023).

Hay una relación directa entre la crisis del humanismo y el triunfo de la civilización técnica al suprimirse los ideales humanistas de la cultura dando paso al sujeto de la ciencia y las facultades productivas dando paso a sociedades terminales, como señala Baudrillard en su obra. "La subjetividad humana se pierde en los mecanismos de la objetividad científica" (Vattimo, 1985).

Las nuevas condiciones de vida impuestas sobre todo por la estructura de la nueva ciudad moderna se conciben como un desarraigo del ser humano de lo que le corresponde tradicionalmente, podríamos decir, un desarraigo de sus bases en las comunidades orgánicas que suponían la aldea, de la familia y toda forma de asociación que se concibe como "natural". Esta pérdida también incluye el desarraigo de los horizontes definidos y tranquilizadores de la forma (Vattimo, 1985). Hemos cambiado la sociedad disciplinaria, la sociedad del deber, por la sociedad del rendimiento. La dialéctica del poder ha dado como resultado una infinidad de posibilidades que ejercen de opresoras en las vidas humanas de un modo tan intrínseco, que, además, resulta inviable su identificación y/o erradicación. "Los sujetos contemporáneos ya no son gobernados en tanto que cuerpos disciplinados, sino en tanto que sujetos libres" (Fernández, 2024: 3). La gobernabilidad, la tutela anterior era no consentida pero consciente, la tutela actual es totalizante, inconsciente e incondicional. No existe sujeto más encadenado que aquel que se percibe a sí mismo libre, "no hay mayor sometimiento que aquel que se camufla en una sensación de libertad" (Han, 2014). La coacción es inmanente, al igual que ocurre con las patologías sufridas por causa de tal conminación, ya que se generan dentro del propio sistema: no vienen del exterior y aquí reside su peligrosidad, en que se origina en y forma parte de nosotros mismos. Somos incapaces de imaginar una solución para el malestar porque nacimos dentro de él y se ha fusionado con nosotros.

En las últimas décadas se han producido nuevas formas dominantes de experimentar el espacio y el tiempo. Las experiencias y vivencias cotidianas han pasado a estas basadas en imágenes, símbolos y simulacros que obedecen a la lógica de mercado gracias en gran parte a los medios de comunicación de masas y a la tecnología que dominan la percepción real del mundo. La velocidad de este suceso en Asia ha modificado extraordinariamente sus políticas y por tanto, a su población. El ritmo incansable del mercado se ha trasladado a las formas de habitar en el mundo, generando nuevas formas de subjetividad que desencadenan en una tensión y estado insostenibles, el capitalismo no es coherente y aun así se ha presentado y establecido hegemónicamente a nivel global fundamentalmente desde el final de la Guerra Fría.

"El mundo verdadero se ha convertido en fábula" (Vattimo, 1985: 27), una vez que reconocemos el carácter de fábula, convertimos esta alegoría en el mundo verdadero y glorificamos esto como si fuera la antigua dignidad metafísica. El resultado de todo ello es una experiencia del mundo desligada de los valores supremos. El mundo que se ha convertido en fábula es lugar de una experiencia que ya no es "auténtica". Este es el efecto de la generalización del valor de cambio en nuestra sociedad. La resistencia a esto podría ser una nostalgia de Dios, una resistencia a la permutabilidad de lo simbólico, un retorno a los valores supremos.

Los rasgos de una sociedad capitalista de este calibre generan no solo deshumanización o mercantilización total, sino además, un impulso que llama hacia una posible experiencia humana nueva, experiencia que irrumpe como un intruso, perturbando la intimidad. Para algunos autores esta nueva experiencia tiene la potencialidad de presentarse como una nueva esperanza, una nueva experiencia sin una carga negativa o desalentadora.

En el mundo del valor de cambio generalizado todo está dado como narración, como relato, en los medios de comunicación de masas, nuevos espacios virtuales, como las redes sociales, se convierten en espacios de perversión ideológica. Las redes sociales y la presencia digital suponen un nuevo método de castigo, uno no puede salir a descansar fuera de estos espacios ya que forman parte del trabajo pero a la vez también del ocio, proveyendo a sus usuarios de oleadas de contenido infinito que se encargan de dirigir la forma de vida de cada uno de ellos diciéndoles qué lugares visitar, qué comer, qué consumir, etc.

En esta misma línea, pero por otro lado, los espacios virtuales han contribuido a la difusión de la cultura pop japonesa y coreana especialmente, y al aumento del interés hacia las culturas asiáticas por parte de occidente, véase la creación de un Grado de Estudios de Asia Oriental en la Universidad pública como una evidencia de ello. Sin embargo, esta popularidad encierra una herramienta de poder que mercantiliza su producción y proyecta una imagen nacional con una clara intencionalidad en la que profundizaremos a lo largo de esta investigación.

3. EL CONCEPTO DE *KARŌSHI* (過労死) Y LA SALUD MENTAL

Es conveniente detenernos en un concepto que puede servir como nódulo desde el que se despliega toda la problemática sobre la que en el presente estudio tratamos de reflexionar: el concepto de *karōshi*. Este concepto se fundamenta como una manifestación extrema de la lógica capitalista. Es un síntoma de todas las sociedades, ya que la globalización ha propiciado que los efectos del capitalismo tardío lleguen de la misma manera a cualquier parte del mundo, y no sea algo exclusivo de la moderna sociedad nipona, donde se origina. Este concepto que puede ser traducido como "muerte por exceso de trabajo"; *karōshi*, かろうし 過労死; death from overwork (Jisho.org, 2025), como se señaló al principio de nuestro trabajo, y ha sido objeto de estudio desde hace varias décadas, a partir del aumento de la mortalidad entre los trabajadores sometidos a condiciones laborales extremas. Este concepto hace referencia a las enfermedades causadas por un entorno laboral que produce un estrés continuo, cuyo desenlace más fatal puede ser la muerte, aunque también en la década de los setenta y ochenta del siglo pasado nacen otros conceptos relacionados, como el *karōshisatsu,* traducido como "suicidio inducido por exceso de trabajo", el cual también es originalmente japonés. El aumento del trabajo precarizado y de la nueva Economía Gig[1] han propiciado la creación de empleos

---

[1] La *Gig Economy* o *Economía Gig* se refiere a un nuevo formato con el que generar ingresos fuera de la idea de trabajo tradicional asalariado en la cual una persona se encarga de realizar una tarea específica, y cobra este servicio de forma independiente.

puntuales que no están respaldados por ningún tipo de garantías, como sí pueden serlo un contrato a largo plazo, un salario fijo o un seguro médico. Este tipo de trabajos permiten la autoexplotación y demandan altas exigencias productivas que han empeorado la calidad de vida de un gran número de trabajadores en las grandes ciudades más modernas.

Antes de la aparición de este tipo de trabajos, el modelo laboral japonés tenía unas bases muy consolidadas caracterizada por la figura del *salaryman* (sararīman, サラリーマン)[2], es decir, empleados de oficina que ofrecían su rendimiento a empresas normalmente nacionales, con un sistema de empleo vitalicio prácticamente desde su salida de la universidad. Este era el modelo hegemónico en los años ochenta y noventa del siglo pasado, el cual ofrecía una serie de garantías fundamentales para muchas familias, como un salario fijo, estabilidad para un largo tiempo y un fuerte compromiso con la empresa. Este es el contexto en el que nace el concepto de *karōshi* entre otras cosas por la enorme presión psicológica y física a las que estos trabajadores se sometían bajo un deber moral que combinó factores culturales con nuevas dinámicas de mercado provenientes de occidente, sin embargo en el panorama actual supone una apertura de posibilidades para el *karōshi*. Si bien el modelo del *salaryman* (sararīman, サラリーマン) continúa existiendo, la apertura de mercados y la flexibilización del empleo con las nuevas aspiraciones bajo el discurso de "sé tu propio jefe" u otros lemas actuales muy populares en los países occidentales, han multiplicado la posibilidad de escenarios precarios y desilusiones entre la población activa. La ausencia de límites claros entre el trabajo y el ocio, la falta de protección estatal, social y el bombardeo de contenido falso en redes sociales están directamente relacionadas con los problemas de salud mental que no han cesado en las últimas décadas.

El nuevo escenario exige una combinación de, por un lado altos niveles de éxito económico en el trabajo junto al mantenimiento de elementos culturales tradicionales como la reticencia a tomar vacacio-

---

[2] Término acuñado del inglés que designa (normalmente) a los hombres asalariados.

nes o la alta fidelidad a las decisiones tomadas por los superiores. El panorama actual supone una apertura de posibilidades para el *karōshi,* abre horizontes y se resignifica como un monstruoso resultado de la globalización que apunta a la inseguridad y la falta de humanidad en las sociedades más avanzadas tecnológicamente, Japón ha transformado sus modelos de trabajo, los riesgos siguen estando presentes pero ahora aparecen de formas más diversificadas y camufladas, resulta cada vez más difícil identificar los peligros y se han aceptado sin cuestionamientos como la única posibilidad vigente a día de hoy.

El propio carácter de fidelidad ciega hacia el superior comentado anteriormente, ha generado en ambientes laborales japoneses un fenómeno muy contradictorio. La necesidad de hacer acto de presencia como sinónimo de compromiso ha llevado a situaciones de improductividad. La cultura vertical hace que nadie quiera abandonar el puesto de trabajo en primer lugar, por miedo a causar una mala impresión, alargando tareas que podrían automatizarse o completarse en mucho menos tiempo que el establecido. La función de muchos trabajadores japoneses dentro de estas dinámicas laborales de oficina se limita a poco más que a hacer parecer importante a su superior, desmoralizando al propio trabajador que generalmente lleva a cabo las funciones administrativas y tareas sin sentido, causando la frustración interna del empleado, quien pasa gran parte de su vida en la oficina sin un propósito ulterior que el de cumplir un deber que carece de sentido si se observa con detenimiento.

El incremento de los mercados competitivos ha creado lo que parecía que había prometido destruir: la improductividad dentro del sistema laboral, no obstante, uno de los objetivos de este trabajo se centra en la visión moral de este fenómeno, en cómo el sector asalariado percibe estas dinámicas desmoralizantes y absurdas dentro del Japón moderno. No olvidemos que aun en un sistema donde la clase trabajadora es meramente instrumentalizada y reducida a un valor monetario, no dejan de ser personas que sienten y responden con respecto a su realidad. El hecho de pensar en que el puesto que ocupas y por el que te levantas cada día, no sirve realmente para nada, es

.

capaz de arrebatarle la felicidad a cualquiera, suponiendo un daño de índole moral y espiritual que acarrea un sentimiento generalizado de negatividad que excede todo lo soportable. El estancamiento económico mental es una realidad a pesar de lo que pueda predicar la esfera política y no parece que existan intenciones reales de mejora para un sistema cada vez más absurdo y precarizado. Las sociedades capitalistas tienden a ser corrosivas, en tanto que destruyen y contaminan las formas tradicionales que encuentran a su paso, como una especie de venganza por la pérdida de sus propios valores.

La imagen imperante de la cultura japonesa del trabajo ha contribuido a la normalización de esta situación. Este pensamiento desfasado del esfuerzo máximo, con largas jornadas laborales y unas expectativas dignas de compararse con la esclavitud, sigue vigente en muchas empresas del país. Muchos trabajadores, con la premisa del cumplimiento del deber y la obediencia a su superior, desarrollan una grave falta de motivación, estrés y apatía, entre otros problemas, que desembocan en una alta tasa de suicidios y enfermedades mentales realmente problemáticas. La sociedad japonesa sigue regida por una jerarquización fuerte y un sentido del deber hacia el superior muy distinto al que podemos conocer en los ambientes laborales occidentales. Esta jerarquización se remonta a la moral previa a la época Meiji, el *bushido* del samurái, la costumbre del *gaman* o aguante y otros códigos de honor de los que se podrían escribir cientos de páginas y desde los que el actual sistema laboral japonés, con el estereotipo del asalariado común de Tokio, toma como herencia, asimilando el vasallaje estructural de dichos códigos y, con ello, satisfaciendo las absurdas peticiones de sus superiores, estableciéndose la sumisión profesional y la pleitesía a los mandarines como prácticas comunes, especialmente, en los ambientes de oficina. Este tiempo en el que vivimos es una época carente de propósitos y rebosante de contradicciones donde se le ha dado libertad absoluta al malestar, se ha apoderado del sector trabajador una gran renuncia, la de no aceptar la posibilidad de renunciar al estado de malestar (Biznaga, 2024).

Es común en las familias japonesas la falta de conciliación entre el trabajo y la crianza. Los vínculos entre hijos y progenitores generalmente no son tan genuinos debido a la ausencia de un padre, quien, si bien por norma general se cumple con el esquema hegemónico general, donde este, el padre, se erige en cabeza de familia, y es la esposa quien se encarga de la crianza de los hijos, lo habitual es que él, el padre, emplee más de la mitad de su día buscando el favor de manera desmedida de un jefe que, probablemente, le cae mal. Las estructuras familiares también son víctimas del capitalismo: actualmente la idea de formar una familia no está alojada en la perspectivas de demasiados jóvenes, el realismo capitalista no sólo condiciona la economía o la política, como hemos señalado, sino también la imaginación: nos resulta imposible imaginar en una vida diferente porque el sistema ha colonizado nuestras expectativas de futuro (Fisher, 2016). Esta mala conciliación familiar ha provocado una caída extraordinaria de la natalidad, no solo en Japón, (aunque sí de sobremanera en el caso pragmático), resulta que esta caída demográfica no tiene su origen completo en la falta de conciliación laboral, también proviene parte del problema de la desilusión y la falta de esperanza cara a futuro de las nuevas generaciones. La elección de no formar una familia, de no tener descendencia, no es necesariamente una cuestión de libertad de elección, sino una respuesta hacia un entorno donde el cuidado se ha convertido en algo lujoso y exclusivo.

Se ha dado del mismo modo un olvido de la verdadera importancia del cuidado, las comunidades existen gracias a dicho cuidado entre las personas, pues supone un pilar fundamental para el ser humano, una sociedad que descuida a aquellos que la integran está destinada al fracaso, cuestión que de nuevo está directamente relacionada con la cuestión feminista y el papel femenino dentro de las sociedades capitalistas, siendo el cuidado una cuestión de los procesos de producción social integrados al mercado capitalista a través de la división del trabajo, y los procesos ligados al consumo y la reproducción realizados en el ámbito doméstico, en el mundo privado y en la intimidad de la familia (Esquivel, Faur, & Jelin, 2012).

Es necesario insistir que, a pesar de que este trabajo pone el foco en Japón al ser este país el máximo exponente de una sociedad que vive y sufre los efectos de este concepto, no va a ser este un espacio en el que se refuercen y se mantengan ciertas actitudes orientalistas de muchos medios de comunicación sensacionalistas, que dan una imagen de los asiáticos de forma deshumanizada y reduccionista. El fenómeno de la muerte por exceso de trabajo no es exclusivamente japonés, sino que, más bien, es un problema global actual. Por lo tanto, este enfoque tratará el fenómeno no como algo exclusivamente japonés, sino como algo localizado, determinado e influenciado por los factores culturales y de pensamiento que han definido la identidad nipona desde su relato mítico, para desde esta reflexión plantear también espacios alternativos y modelos de pensamiento orientales que puedan hacer frente a este problema global. Es urgente percatarse de que este fenómeno no es simplemente un problema aislado fruto de una sociedad altamente robotizada y lobotomizada, como en muchos casos, se considera a la sociedad japonesa por parte de algunos occidentales, sino que esta es una concepción generalista que el sensacionalismo en demasiadas ocasiones cuenta en prensa y proyecta en nuestros televisores y dispositivos inteligentes, siendo este un problema que ya es análogo a todas las sociedades capitalistas. Es prioritario no dejarse cegar por esos discursos que tergiversan parte de la realidad y nos alejan del verdadero problema, a la vez que difunden conscientemente la ignorancia con un claro propósito político. La construcción identitaria asiática que se ha estado construyendo en el imaginario colectivo occidental carga con una gran intencionalidad por parte de estos medios de difusión reduccionistas, resultado de la rivalidad entre potencias a lo largo de la historia e intereses económicos.

El engaño del autocuidado y la salud mental

El reciente aumento del número de personas con enfermedades mentales severas es otro tema generalmente ignorado, especialmente en la sociedad japonesa, donde se origina este fenómeno del *karōshi*. La farmacología se ha apoderado de los individuos atrapados, la trata de la salud mental como algo individual, personal, carece de sentido cuando se convierte en una masa de personas con las mismas afecciones y diagnósticos. Pensar en el *burnout* y las posibles salidas a esta situación también es una preocupación propia del capitalismo: encontramos al CEO preocupado por la cuestión del *burnout* en sus empresas, algo que también se refleja en el auge del *mindfulness* y el autocuidado incrustado dentro de las dinámicas empresariales y de la propia sociedad capitalista. Esta aparente "cura" forma parte de la enfermedad, vivimos en una sociedad enferma autoinmune. El autocuidado se ha publicitado como una mercancía más de la que obtener beneficios, al inducir a los individuos al consumo constante, ya sea de productos, alimentos, servicios de *coaching*, libros de autoayuda o terapias alternativas que prometen hacer del consumidor un humano exitoso e indestructible. El marco de la posmodernidad presente lleva a que este tipo de discursos consigan engatusar muy a menudo a una gran parte de la población más vulnerable, que acude al consumo de este mercado como una respuesta desesperada. Existe una necesidad imperante dentro de nuestra sociedad de tomar el control sobre la propia existencia, de forma individual y visto como un camino con una meta hacia la que correr desesperadamente. Esta estructura es peligrosa, ya que oculta de manera sutil pero férrea, el verdadero problema.

El capitalismo se ha encargado de controlar y explotar todo cuanto ha podido, no solo explota el trabajo, también se apropia de las emociones y los sentimientos al obtener beneficio y comercializar el bienestar. El sujeto sometido no es consciente de su sometimiento, de ahí que se presuma libre. El sometimiento que ejerce el capital no prohíbe ni violenta, sino que complace y colma al individuo, para que sea productivo

(Han, 2014). El problema es colectivo, pues, sin embargo, el paciente se siente responsable, culpable y débil dentro de las instituciones médicas. En la mayoría de Estados que están en sintonía con el capital, se han privatizado las instituciones que se encargan de la salud mental, cuando la realidad es que la mayoría de trastornos son fruto de las lógicas y dinámicas con las que se mantiene ese capitalismo, por lo que se trata de un problema estructural y un síntoma del neoliberalismo, como expone Fisher en su obra *Realismo capitalista*.

El tabú sobre la salud mental sigue vigente en la sociedad japonesa, el sentimiento de pertenencia es esencial dentro de la construcción de la identidad, así como el bienestar grupal, el cual debe ser prioritario. Resulta determinante para la formación de la identidad establecer una serie de relaciones sólidas que se sostengan en base a una jerarquía dentro del trabajo, la familia o los espacios escolares. Es por ello que un estado de salud mental deficiente aísla y rompe con la pertenencia a un grupo eficiente, con el que se construye un vínculo utilitarista pero también afectivo -que sea genuino o no, es cuestión del grupo- que lleva a recordar una época idílica tal y como se considera la etapa infantil, escolar de la vida. La ocultación o negación de sentimientos se antepone en muchas ocasiones como una garantía para el mantenimiento de la armonía grupal, y es por esto que muchas personas desde etapas tempranas de la vida acarrea una serie de problemas emocionales que pueden llegar a desembocar en un aislamiento radical u otros escenarios que escapan de la normalidad.

La añoranza del periodo estudiantil es recurrente dentro de la sociedad japonesa. Existe una infantilización de la adultez con un objetivo claro: la distorsión, la fabulación de la asfixiante vida laboral. El psicoanalista Takeo Doi se adentra en este tema con el concepto de Amae- ("Amae is the noun form of amaeru (甘える), an intransitive verb which means "to depend and presume upon another's benevolence" (Doi, 1962)), como una característica, un deseo exclusivamente japonés de entregar la voluntad a un superior, de depender intencionadamente de una figura de carácter paterno, de guía. Este concepto se encuentra directamente ligado con la infantilización anteriormente mencionada, también presente en las relaciones laborales que refuerzan la dependencia y la prolongación del periodo infantil y adolescente anteriormente perpetrado con los padres, como un mecanismo más de control laboral y emocional resultado de una combinación de carencias emocionales, valores culturales y mecanismos de una sociedad capitalista.

La combinación de un mercado laboral cada vez más liberal, acorde a las nuevas políticas implementadas en Asia Oriental, combinado con los factores culturales que les atañen a la sociedad urbana japonesa, han dado como resultado una narrativa más bien desalentadora. Las subcontrataciones masivas en empresas, la burocracia excesiva, los supervisores innecesarios o los *influencers* de contenido vacío son ejemplos de trabajos sin sentido. Aquellas personas que los llevan a cabo tienden a aceptar la inutilidad de los mismos o simplemente son incapaces de admitirlo y se engañan a sí mismos, creando una ilusión delirante que probablemente les conduzca a una peligrosa situación mental en no demasiado tiempo.

4. LA DESASIATIZACIÓN
Y REASIATIZACIÓN DE JAPÓN COMO *SOFT POWER*

La alianza entre Estados Unidos y el Partido Liberal Democrático

La cultura japonesa ancestral alimenta un sentimiento del deber que no dejó de crecer a partir de la década de los sesenta y los setenta del siglo pasado gracias al desarrollo económico extraordinario que experimentó el país. Dicha recuperación económica se forjó en gran parte gracias a la influencia que tuvo su gobierno. El Estado japonés desde la época Shōwa ha sido utilizado en varias ocasiones por el gobierno de los Estados Unidos como arma de contención contra los movimientos comunistas y anticapitalistas de diferente índole en Corea y China. Estados Unidos permitió y alentó a Japón a encargarse de abastecer de productos elaborados al sudeste asiático, el desarrollo industrial era conveniente para ambas naciones y es por ello que el gobierno norteamericano financió y ayudó a las empresas japonesas para su desarrollo económico. El gobierno tuteló la actividad de la gran industria, de modo que el poder político y económico iban totalmente de la mano, lo que resultó en un aumento del índice tres veces por encima de su producción anterior, de los resultados industriales entre 1956 y 1963. Esta revitalización de la economía se encargó de sofocar las protestas contra el Partido Liberal Democrático de Japón que habían surgido anteriormente ya desde finales de la década de 1940 y se mantuvo durante la Guerra Fría y el gobierno predecesor al de este partido.

El elemento clave de la política japonesa que caracterizó el periodo comprendido entre 1950 y 1960 es el conservadurismo. La realidad social era convulsa, con cambios significativos como la incorporación de la mujer japonesa al trabajo o los cambios en el modelo familiar tradicional, de modo que estuvieron en conflicto dos realidades opuestas que sirven como muestra de un Japón más plural de lo que puede aparecer tras la lectura de ciertos textos históricos. Encontramos un periodo de modernización y de cambios sociales que dieron lugar a protestas de gran calibre como las protestas de Anpo (1959-1960), que consiguieron movilizar a cientos de estudiantes y personas de otros ámbitos para luchar contra el que fue El Tratado de Cooperación y Seguridad Mutua entre los Estados Unidos y Japón, el cual permitía la presencia de bases militares americanas en territorio japonés, así como protestas contra otros tratados que aseguraban una defensa mutua, pero que, de nuevo enmascaraba un tratado desigual que posicionó a los Estados Unidos con ventajas estratégicas en territorio asiático.

La voluntad de reconstrucción nacional fue insólita, así como la asunción de los valores democráticos bajo la supervisión de los americanos quienes pudieron ejercer de figura paterna sobre un país al que habían sometido a fuerza de destrucción nuclear, con la premisa de asumir un papel que los colocaba como mediadores y moderadores internacionales. El trauma de la II Guerra Mundial en Japón fue un punto clave para el despliegue de su economía. La necesidad de una rápida modernización vino dada por ese periodo marcado por la subordinación de Japón al mundo occidental y el proceso de reconfiguración político y social que se les exigió, y que supuso la supresión en Japón del papel militarista e imperialista que ostentó anteriormente. Hubo una llamada adaptación a la adopción del orden internacional que colocaba a los Estados Unidos como el tutor encargado de moderar y establecer un modelo homogéneo respecto del resto de países con cierta relevancia internacional, bien por su potencialidad, bien por su carácter estratégico. Este acelerado proceso supuso una ruptura de la sociedad japonesa con determinados elementos de su cultura que sostenían un modo de vida diferente de los países europeos y que sin duda también es producto de la globalización, que es otra manera de denominar a la colonización norteamericana. Japón pasó de ser una gran potencia militar amenazante para cualquier región del mundo, a un aliado fiel de los Estados Unidos sin mucho poder de acción, y además con un gobierno y una economía adaptados y que configuraron el futuro del país hasta el día de hoy con un partido político que lo ha gobernado de forma casi ininterrumpida.

Con esta modernización de Japón se importaron costumbres y prácticas de occidente que han pasado a formar parte de la cultura japonesa. Ejemplo de ello es que hay una famosa cadena de Fast Foods americana que es la encargada de proveer desde los años setenta la cena navideña a millones de japoneses a base de pollo frito, formando parte ya de su cultura. Otro ejemplo es la consideración del baseball como deporte nacional. Como estos, hay muchos otros ejemplos dentro de sus tradiciones festivas. La Era Meiji (1868-1912) y su reconfiguración tras la derrota en la II Guerra Mundial, dieron como resultado una ruptura con la identidad asiática, aunque esta presunta modernización se combinó con elementos propios de su folklore. Sin embargo, la incorporación de estos elementos tradicionales formó parte de una estrategia que tenía como objetivo la perseverancia, la continuidad histórica y la unión nacional para presentarse al mismo nivel que las potencias occidentales que se imponían en el momento. Existía una voluntad de diferenciarse respecto de China o Corea, países que no se consideraban dentro de la esfera de poder, pero a los que, sin embargo, albergaba bajo su manto panasianista, presentándose como la nación asiática líder que llevaría a Asia Oriental a la cumbre internacional y le daría a Asia el protagonismo que merecía. Sin embargo, con la crisis financiera de los años noventa y la posterior recesión, este sistema se desmoronó. El mercado laboral se flexibilizó, las empresas empezaron a contratar empleados temporales en masa y la seguridad económica comenzó a erosionarse igual que ocurría en occidente, donde a la clase obrera no se le hizo desaparecer, sino que se les arrebató todas sus herramientas de defensa y se les agrupó fueron en agregaciones temporales sin posibilidad alguna de crear una comunidad solidaria (Berardi, 2017).

De modo que Japón vivió un proceso de desasiatización a mediados del siglo XIX con la restauración Meiji, donde la modernización de su ejército, gobierno y tecnología impulsó un deseo de expansionismo que colocó al país en un elevado nivel tecnológico y militar. Enfatizó su papel democrático y capitalista en su alineación con Estados Unidos tras la II Guerra Mundial, alejándose del modelo chino que apuntaba al ejemplo soviético de la URSS. Se construyó dentro del nacionalismo japonés un discurso de raza y civilización que los diferenciaba de otros asiáticos, se llevó a cabo un proceso de transformación estratégica que alejó su identidad de Asia para occidentalizarse.

La cultura pop como elemento de *soft power*

Los cambios globales y los avances de Asia en terreno económico en el siglo XXI han hecho que Japón se reconcilie con la identidad asiática mediante lazos comerciales con otros países de la zona, especialmente China, reconsiderando su papel dentro de la región del sudeste asiático. Este cambio supone una renegociación continua de la identidad japonesa basada en factores económicos, políticos y culturales donde Japón ha sido para muchos la nación más occidental de Asia. La cultura pop supone un elemento importante dentro del proceso de reasiatización al ser usado como un elemento de *soft power* en el contexto internacional. La cultura japonesa se popularizó tremendamente a partir de los años setenta en occidente abriendo las puertas de un mercado basado en un presunto fanatismo, un turismo masivo organizado y una falsa imagen de Japón alojada en el imaginario colectivo de la mayoría de los occidentales. Las dinámicas postcapitalistas se han encargado de montar un escenario ficticio y exótico -pero sin pasarse- de Japón para el gusto de las clases medias y altas occidentales, donde la cultura del manga y el anime y las luces de neón de Tokio dibujan un escenario muy atractivo.

El turismo masivo ha supuesto un grave problema para la sociedad japonesa en esta última década especialmente. El nuevo panorama urbano de grandes ciudades asiáticas, como Tokio, Shanghai o Seúl, promueve la especulación de la vivienda con la entrada de inversión extranjera que ha provocado desplazamientos de la población local hacia la periferia, la subida de precios del nivel de vida hasta niveles absurdos, y un largo inventario de problemas relacionados con la gentrificación urbana. El turismo masivo ha arrasado con la verdadera esencia cultural de muchos barrios de Japón, que se han acabado presentado como atrayentes escaparates destinados al turista que quiere posar para la foto. El turismo es otra actividad surgida de la modernidad, producto del consumo cultural capitalista que ha propiciado la globalización, la cual involucra flujos de gente, capital, imágenes y culturas (Osorio, M. 2010: 238). La ruptura de la sociedad tradicional caracterizada por estructuras laborales muy sólidas y una industrialización generalizada, ha traído cambios en cuanto al tiempo y las actividades de ocio que realiza la clase media. El turismo que se ha promocionado en las principales áreas urbanas de Japón ha tratado de abarcar unos beneficios que no son posibles dentro de los márgenes de un pequeño barrio de *geishas* en Kioto (Calderón, C. 2024: 4). La propia estructura de determinados barrios de los centros históricos de Japón no tienen la capacidad de generar estructuras conformes a la demanda tan masiva que se ha presentado recientemente, dando como resultado la alteración de la vida de muchos de sus residentes y la alteración de la armonía del espacio público y espacios naturales, los cuales son muy importantes dentro de la cultura japonesa.

Ya no hablamos solamente de una gran masa de turistas en espacios que no tienen la capacidad para recibirlos, también resulta necesario hacer una mención hacia la actitud de dichos turistas. Existe una visión de Japón y de Asia en general como "lo otro" que ha propiciado la aparición de comportamientos injustificables por parte de algunos turistas que llegan a Japón con una visión deshumanizada de su población. La convivencia social de algunos barrios japoneses ha sido transformada profundamente como consecuencia de esta turistificación, la llegada de grandes masas de turistas ha provocado tensiones entre la población local, quien mantenía una serie de normas sociales rutinarias acordes a su tradición. El turista viaja al archipiélago japonés buscando una experiencia exótica que concuerde acorde a su imaginario colectivo de "lo japonés", ejerciendo unos mecanismos de poder donde la cultura local japonesa se transforma en un escenario, una experiencia mercantilizada de la que pueden hacer uso todas las personas que puedan pagarlo. El turismo masivo en Japón ha transformado la experiencia turística en una actividad de consumo, de invasión de los espacios de los que creen que son poseedores durante su estancia, perpetrando una apropiación simbólica y física de lugares patrimoniales de alta importancia. Desde una visión posmoderna este fenómeno es entendido como una transformación de los destinos turísticos en destinos para el consumo, donde el valor de los lugares queda medido por su capacidad para ser fotografiado y el alcance que estas fotos puedan tener en las redes sociales.

La identidad cultural de Japón, al igual que ha ocurrido con otras sociedades hipermodernas, ha sido suplantada, devorada por los símbolos para convertirse en una hiperrealidad reasiatizada. La globalización contribuye a esa polarización extrema dentro de las realidades, de modo que, conviven paralelamente y de forma deshumanizada los espacios más lujosos junto a los más empobrecidos, la insensibilización forma parte de esta realidad de capitalismo tardío que parece introducirnos en una especie de mundo artificial, irreal. Esta discriminación neoestamentaria es un síntoma directo de la globalización, la empatía no tiene cabida en un cuerpo desconectado de sí mismo, se ha perdido la autopercepción y la conciencia social, perdiendo cualquier capacidad estratégica o de empatía (Berardi, 2017: 60). Japón se presenta bonito, atractivo, especial, para la gran masa, pero, sin embargo, basta una mirada consciente para apreciar la falsedad de este escaparate. La sociedad japonesa decae en calidad de vida a partir de la apropiación de un capitalismo salvaje que solo hace prosperar al sector más adinerado de su sociedad y que además no contribuye a mejorar ni a promocionar la cultura. Podemos hablar de una doble cara en esta reasiatización, sin unos fundamentos genuinos pero con unos objetivos claros: la productividad y el beneficio económico. Japón ha sido despojado de su esencia y arrastrado a escena sin pudor ninguno.

Tomando como referencia a la obra de Yuk Hui, *La pregunta por la técnica en China* (2024), el autor hongkonés expone una profunda revisión sobre el origen de la técnica. Hui parte de la premisa de que cada sociedad posee una técnica diferente a pesar de que se considere la técnica como algo antropológicamente universal en tanto que es una extensión de los órganos humanos y una materialización de las ideas, de la memoria. Hui pone en relación el desarrollo de la tecnología con la cosmología intrínseca y los principios fundamentales de aquellas sociedades que la producen. Esta "cosmotécnica" no deja de ser la propia técnica, ya que a la técnica le resulta imposible desprenderse de su cosmología. De este modo es esencial tener en cuenta los mitos fundacionales y los primeros modelos de pensamiento surgidos en Asia Oriental para entender el por qué de su tecnología. Hui aboga por rescatar estas teorías con el objetivo de frenar la homogeneización y globalización de los modos de relación con la técnica hegemónica, es decir, la proveniente de Occidente. Actualmente esta pregunta resulta clave a la hora de estudiar China especialmente, debido a su rápido desarrollo y su competitiva apertura comercial dentro del mercado occidental, la cual está causando tensiones y cambios geopolíticos significativos.

Ciertamente es posible iluminar un problema a la hora de concebir la tecnología y los avances de la sociedad de forma universal, teniendo como referencia primera y hegemónica el caso occidental. La tecnología que se desarrolla en las regiones no europeas contiene unas bases tradicionales distintas que han determinado la forma en la que los Estados y sociedades alejados de Europa tanto cultural como espacialmente han interiorizado su concepción del progreso y de la tecnología, y aunque Yuk Hui se centra en exponer el caso de China concretamente, pues es la realidad de ese gigante asiático la que le afecta directamente, es conveniente hacerse las mismas preguntas acerca de la tecnificación estatal mirando al territorio japonés, teniendo en cuenta, así también, especialmente su influencia de China desde la Antigüedad, pero añadiendo el influjo del mundo occidental que tiene a partir del mundo moderno. Si nos remontamos al origen de la técnica, la mitología ofrece pistas fundamentales para explicar su aparición tanto en occidente como en oriente, pero es necesaria una apreciación de estos relatos mitológicos para comprender de qué modo han moldeado las prácticas actuales. La mitología griega, por ejemplo, se aleja de la China en cuanto a la relación del ser humano con los dioses y el lugar que ocupan ambos en la esfera mundana: "la separación radical entre el mundo de los dioses y el mundo de los hombres, necesaria para el desarrollo de la racionalidad griega, no tuvo lugar en China" (Hui, 2024: 30). La técnica surgirá de forma distinta en cada sociedad debido al tipo de relación que cada pueblo desarrolla entre esta (la técnica) y con sus creencias. Sin embargo, esta cuestión suele ser ignorada cuando se habla de modernización. La modernidad parece haber colonizado sutilmente el espacio geográfico, político y tecnológico de Asia Oriental, con la asimilación de la técnica occidental como la única opción válida sin una mirada hacia los relatos fundacionales que unen, caracterizan y diferencian al extremo oriente de occidente. La deconstrucción de esa hegemónica separación entre naturaleza y cultura dada en Europa es esencial para poder salir del aturdimiento posmoderno.

El aceleracionismo económico y tecnológico del sudeste asiático, ha sido un proceso autoimpuesto al tratarse de una adopción de técnicas occidentales -como puede verse en el transcurso en Japón en la Era Meiji esencialmente- adquiridas a la fuerza como consecuencia de la globalización. Hubo una interrupción de su propia "cosmotécnica" si nos remitimos al concepto de Yuk Hui, cuando la forma de relacionarse con la tecnología fue suprimida para dar paso a una universalización de las formas tecnológicas occidentales. Se combinaron dos factores esenciales que potenciaron la precariedad en los entornos laborales japoneses, una moderna industrialización que convirtió las vidas humanas en espacios de productividad, en instrumentos, junto a la doble ruptura de la técnica con la naturaleza y con la ética, presente desde antaño en el budismo zen y otras formas de pensamiento tradicionales propias de China y Japón.

La "cosmotécnica" japonesa parece haberse fracturado, dando lugar a una forma híbrida en la que el modelo capitalista global se impone bajo una apariencia monstruosa y poderosa. Lo que antes era una relación ética y espiritual con la técnica ha sido sustituido por la lógica de la eficiencia, el consumo masivo y el control sobre cualquier aspecto de la vida de los ciudadanos, fusionado con estos nuevos aspectos con residuos de la moral tradicional que, lejos de ofrecer resistencia, han sido pervertidas y reutilizadas para romantizar y asentar el propio sistema capitalista. Así, el Japón contemporáneo no escapa a la maquinaria global; sino que, más bien, se convierte en uno de sus rostros más refinados, al envolver la dominación técnica en un aura de identidad cultural que los medios de comunicación exponen y exportan de forma deshumanizante y reduccionista. Aquí habita lo peligroso de esa "falsedad" del Japón moderno. La reasiatización de Japón ha sido autoimpuesta con un objetivo demasiado transparente. La cultura se ha promocionado de forma errónea para el mundo occidental con un objetivo económico que elimina cualquier posibilidad de pensar la complejidad, -en el sentido más positivo- de la separación entre oriente y occidente dada en el capitalismo tardío. Resulta inusual e incompatible esta forma de promoción que ha adoptado Japón, la cual se encuentra atrapada entre la necesidad de asiatizarse mediante sus tradiciones culturales y la necesidad de una adaptación global que le permita fluir con las lógicas de producción capitalistas y enriquecerse. Sin embargo, la paradoja se da en tanto que el algoritmo continúa exotizando y promocionando un Japón fabulizado y atractivo para el turista a pesar de la gravedad del asunto. Así, la supuesta armonía entre tradición y modernidad se revela a sí misma como una construcción frágil, sostenida por mecanismos de control social y una economía orientada al rendimiento.

5. EL VACÍO COMO FACTOR DE EMPODERAMIENTO. EL NIHILISMO EN LA EXPERIENCIA PURA

Hacerse la pregunta por el trabajo desde la filosofía puede parecer un gesto abstracto frente a la urgente situación actual, donde existen fenómenos peligrosos como el ya señalado *karōshi* que se materializan como una forma oscura de la violenta estructura que rige el capitalismo tardío. Sin embargo, es precisamente en esta abstracción donde se puede encontrar una alternativa: en la posibilidad de ver nuevas formas de habitar el mundo. Retomar el planteamiento del vacío desde la obra de Nishitani y el resto de miembros de la Escuela de Kioto permite pensar en el trabajo no en tanto que un fin en sí mismo, sino, más bien como un lugar carente de sentido que impone una serie de dinámicas insostenibles y que no pertenecen propiamente a la naturaleza del ser humano. La sociedad capitalista tiende a naturalizar el trabajo como algo unido al ser humano de forma inevitable y obligatorio según la moral, sin embargo desde otros modelos de pensamiento alternativos podemos cuestionar esta naturalización y colocar al ser humano en un lugar que no lo obligue a definirse a través de estas dinámicas de productividad.

Nishitani recibió una fuerte influencia de la filosofía europea a partir de sus lecturas de Nietzsche, Heidegger y otros autores que cuestionan la problemática del fin de la metafísica en occidente y desde dichas lecturas trató de relacionar el problema de la irremediable caída en el nihilismo de la civilización occidental con las bases del budismo zen y otras perspectivas orientales relacionadas con la religión, la naturaleza o la noción del vacío.

Contexto filosófico del Japón del siglo XX. La Escuela de Kioto

La Escuela de Kioto nace a comienzos del siglo XX a raíz de un grupo de pensadores japoneses herederos de la Era Meiji (1868-1912), fue un momento crucial para los modelos de pensamiento orientales debido al fuerte contacto que se produjo con el pensamiento europeo, se pusieron en contacto elementos del pensamiento de ambos contextos en busca de nuevas formulaciones para la creación de una identidad japonesa profundamente unida a su tradición, libre de influencias extranjeras, influencias por las que se modificaron profundamente sus bases tras la llegada de las potencias imperialistas occidentales a mediados del siglo XIX, que forzaron su apertura gracias a una serie de tratados desiguales estratégicamente impuestos por estas potencias inmersas en una suerte de ventaja bélica y tecnológica desde la que perpetraron actos invasivos en su gobierno y su sociedad.

Los nuevos pensadores japoneses abogaron por una representación de Japón desde su tradición pero sin caer en un rechazo frontal de la filosofía occidental, el objetivo fue establecer un contacto, un diálogo complejo que dejara a un lado las comparaciones directas, las imitaciones y las generalizaciones. Algunos pensadores de la Escuela de Kioto hicieron una reinterpretación de algunos de los conceptos y pensamientos europeos desde la visión oriental al añadir elementos del budismo zen en la búsqueda del yo auténtico, de la experiencia en el mundo y de la verdad. Uno de sus exponentes, Nishida Kitarō, fue el fundador de esta escuela al incorporar contenidos de gran importancia como la "lógica del *basho*" o "lógica del lugar" o las críticas que realiza hacia el dualismo occidental desde los que plantea la "nada absoluta" como el espacio de la superación de la dualidad entre el ser y no-ser, conceptos que aparecen de manera sólida en varias de sus obras. Watsuji Tetsuro, otro de los autores que aportó sus teorías a la Escuela de Kioto, planteó en su obra *Antropología del Paisaje* (2006) de mediados del XX, una serie de críticas al carácter individualista de la sociedad occidental, de la que aprendió en su estancia en Alemania en 1927, donde se ve influenciado por importantes figuras como Martin Heidegger. "Watsuji criticó este individualismo occidental proponiendo en su lugar una ética centrada en la comunidad, punto clave en su descripción sobre la identidad japonesa" (Calderón, 2023).

Además de Nishida Kitarō y Watsuji Tetsurō, la Escuela de Kioto dispuso de otros pensadores importantes como el pensador Hajime Tanabe (1885-1962), que ayudaron a diversificar, ampliar y profundizar en las cuestiones relacionadas con el budismo zen y los diálogos con la filosofía occidental del siglo XX. Este autor al igual que la mayoría de los pertenecientes a la Escuela de Kioto, pudo realizar parte de sus estudios en Alemania, donde entró en contacto con la fenomenología y el existencialismo europeos, entre otras muchas articulaciones teóricas. La concepción de Tanabe fue más autocrítica respecto al papel de los modelos de pensamiento y el papel de la Universidad en la tremenda justificación que se hizo por parte de algunos académicos sobre el militarismo y el expansionismo japonés que llevó a cabo su gobierno desde finales del siglo XIX con el inicio de la Guerra sino-japonesa, hasta el fin de la II Guerra Mundial . Tanabe reflexiona sobre la necesidad de una filosofía que reconozca sus propios límites y que se fundamente en la autocrítica y la apertura a la alteridad. Sin embargo tanto a Nishida como a Watsuji se les ha acusado de simpatizar con el nacionalismo militarista que caracterizó a Japón durante este periodo, siendo este un punto controversial debido al traumático pasado de Japón con otras naciones como Corea y China en sus aspiraciones expansionistas y su posterior y pacífico artículo constitucional que expresa lo siguiente; "Aspirando sinceramente a una paz internacional basada en la justicia y el orden, el pueblo japonés renuncia para siempre a la guerra como derecho soberano de la nación y a la amenaza o al uso de la fuerza como medio de solución en disputas internacionales" (Pujol, I. G. 2014).

Nishida justificó en cierto modo la participación de Japón en la Segunda Guerra Mundial con una visión panasianista de la cuestión, posicionando a Japón en un lugar de superioridad capacitado para la creación de una esfera de cooperación asiática que uniera el sudeste asiático.

Sin embargo la cuestión no se sostiene de forma sólida y ha sido motivo de debate ya que estos propios autores hicieron críticas implícitas hacia la política imperialista que Japón llevó a cabo, defendiendo una visión más pacifista y universalista. El cuento épico fundacional del origen del archipiélago japonés tal como se relata en el *Kojiki* ha sido usado por algunos pensadores para la justificación de sus ideas nacionalistas e imperialistas, al presentar al pueblo japonés como un pueblo único con características especiales debido al linaje divino de los dioses Izanagi e Izanami, que justifica la ascendencia divina de la familia imperial japonesa. Este tipo de relatos fundacionales se encuentra presente en el nacionalismo de numerosos pueblos, donde se proyecta una narrativa que coloca a dicho conjunto en una posición que los diferencia del resto, como un linaje puro y con características sobrenaturales e idealizadas. El proceso revisionista que Japón llevó a cabo tras la promulgación del artículo pacifista en su Constitución de 1946 alberga muchos paralelismos con el revisionismo histórico que llevó a cabo Alemania después del régimen nazi, en ambos casos encontramos un proceso de paz y de memoria histórica muy contundentes tras un periodo belicoso y profundamente nacionalista. Precisamente es también en la filosofía donde Japón y Alemania se ven vinculados al compartir cuestiones existencialistas surgidas de un colapso en los metarrelatos, en las narrativas que sostenían el discurso nacionalista. Se han abordado cuestiones relacionadas con la crisis del ser en el mundo, la propia existencia del ser en el mundo o la reconstrucción ética de un país atravesado por cambios muy trascendentales para su historia.

Introducción a la vacuidad

La tradición japonesa alberga elementos muy significativos que posicionan al mundo natural en un lugar sagrado con el culto a la naturaleza y a los dioses originarios del sintoísmo japonés y del budismo zen, los cuales resultan fundamentales en la comprensión del concepto de vacuidad que emplea Nishitani en su obra *La religión y la nada* (Nishitani, 1999). Nishitani dirá que la religión es fundamental en esta superación -más entendida como aceptación- del nihilismo, siendo la religión el momento más cercano a la experiencia verdadera. El vacío requiere una aceptación absoluta porque al igual que el budismo necesita dejar atrás el apego al yo, al ego tan característico de las sociedades posmodernas. El momento de vacuidad no es ni siquiera el final o la meta, es un momento de despertar personal que permite un punto de vista hacia el mundo mucho más auténtico y sin ataduras, es una apertura radical del ser que le permite desprenderse de todo aquello que lo distorsiona y lo corrompe.

El vacío, lejos de ser una carencia, se presenta ante la crisis posmoderna como una posibilidad para despojarse de la productividad y la utilidad impuesta, una forma de romper con la racionalidad instrumental posmoderna que define a los seres humanos en base a su capacidad para producir, arrastrándolo hacia el agotamiento físico y espiritual. En este sentido, el vacío no es una renuncia, sino un activismo, una forma activa de resistencia donde es posible habitar ese vacío de nuevo para recuperar nuestra esencia y reconciliarnos con la existencia, con el mundo, con el cuerpo y con los demás individuos, ya que la nada no puede ser una sola cosa, sino un conjunto de piezas o momentos que dependen unos de otros de forma inevitable y hermosa. La nada se presenta como una contradicción absoluta, como la vida misma que alberga el principio y el fin dentro de ella en una sola cosa, y es en esta contradicción donde reside la experiencia pura de la que habla Nishida Kitaro en su producción filosófica. El problema de la modernidad es que no ha sabido residir en las experiencias puras, se ha centrado únicamente en el yo, en el ego y no ha sabido reconocer la dualidad de la que están formadas todas las cosas, cayendo en una crisis donde el ser se percibe como un ente alejado del resto del mundo, un ser en soledad. Esta incapacidad de superar la dualidad dirá Nishitani que es el origen del nihilismo moderno.

No obstante, no se debe observar al nihilismo como un obstáculo a superar, sino que es necesaria una aceptación de este, como parte de las contradicciones que conforman al ser humano, ya que el nihilismo es la forma más radical que toma la crisis del ego, que se ha olvidado de su propio fundamento y, con ello, del resto de fundamentos para con la existencia. Nishitani Keiji lleva a cabo una crítica al nihilismo desde la que busca una perspectiva que surja mirando desde el interior, lo reconoce como una fase necesaria del pensamiento moderno. En este proceso, el pensamiento budista se convierte en un lugar de resistencia que ofrece un modo de vida alternativo donde la existencia no se mide, simplemente existe en interdependencia con los demás y con el mundo tal y como es. De este modo, el *karōshi* puede ser leído no sólo como una consecuencia material de la precariedad laboral o de la cultura del esfuerzo, sino como la manifestación más extrema del nihilismo contemporáneo, donde el individuo ha perdido toda la conexión con su entorno y con sus creencias, y, siguiendo la congruencia, perdiendo la armonía consigo mismo y el sentido vital que lo conecta con el mundo. La tecnología actual en su cosmología tiende a este nihilismo consumado, ya que otorga un sentimiento limitante, opresivo, a pesar de las infinitas posibilidades que puede llegar a presentar. No nos hemos percatado de este riesgo hasta que ha sido demasiado tarde, hasta que la tecnología en lugar de facilitar la vida humana, la ha encerrado en una ilusión de libertad y posibilidad falsas.

Los intentos por superar el nihilismo a través de promesas ilusorias o nuevas construcciones de identidad resultan en vano para la superación de la crisis posmoderna, es necesario habitar el nihilismo para llevar a cabo la transformación del sujeto, ya no como un objeto aislado sino como otro elemento más que se relaciona en la vacuidad con el resto de cosas en el mundo. Es en la experiencia pura donde se resuelve la crisis entre sujeto y objeto y surge una alternativa que posibilita una auténtica experiencia del ser en el mundo, es por esto que el individuo agotado no consigue superar la crisis, porque se identifica exclusivamente con su productividad, con su capacidad para generar capital. La búsqueda incansable de éxito y autorrealización carece de sentido ya que su visión del mundo se ha radicalizado. Es de gran importancia señalar que esta crisis no proviene del fracaso individual en cuanto a la realización de la experiencia pura, no se trata de responsabilizar a cada individuo ya que es evidente que se trata de un problema estructural determinado por las lógicas del capitalismo, que clausuran las experiencias individuales y las arrastra hacia dinámicas de autoexplotación. Como señala Byung Chul Han en su obra *Psicopolítica* "Ya no trabajamos para satisfacer nuestras necesidades, sino las del capital que él mismo genera, y que nosotros, de forma errónea, percibimos como nuestras" (Han, 2014: 10).

Ocurre lo mismo con la tecnología. La reconciliación con la técnica actual puede abrir nuevos y esperanzadores caminos, pero es necesario volver a pensar en la técnica, ya que esta alberga un peligro constitutivo. La tecnología contemporánea no es simplemente una herramienta de la que se puede hacer un uso totalmente libre y desde la que tomamos decisiones sin coacción alguna de factores externos, como puede parecer a primera vista. Es una tecnología que implica una cosmología propia y que induce a las personas a hacer un uso concreto de ella, es decir, es necesario prestar atención a los peligros reales de una tecnología que en sí misma es subjetiva y política. La cuestión actual no reside en hacer un buen o mal uso de la tecnología sino que de nuevo es necesario combatirla con el pensamiento. En esta línea, volver a configurar la relación entre el ser humano y la tecnología a través del concepto de vacuidad desplegado en la Escuela de Kioto puede resultar revolucionario.

A pesar de que la cultura del esfuerzo en Japón cuenta con raíces culturales históricas concretas, la globalización se ha encargado de borrar las líneas entre esto y las lógicas de trabajo occidentales, con la importación de formas de negocio, esquemas económicos y también las formas de relación con el tiempo de ocio, modificando los vínculos y las relaciones personales. El trabajo ha dejado de ser un deber colectivo para convertirse en una autoexigencia individual, una búsqueda de éxito ilusoria sostenida a base de malos estados mentales. El *karōshi,* por tanto, no es una anomalía sino una culminación, una acumulación dentro de un sistema agotado que ha sido percibido demasiado tarde.

Es entonces la ausencia un espacio fértil, disponible para el cultivo del ser, ofreciendo una posibilidad de empoderamiento, de reasiatización real y restauración cultural al margen de imposiciones externas. En lugar de responsabilizarse uno mismo del malestar y encerrarse en su fracaso, el pensamiento de la nada interrumpe esta lógica con la renuncia al yo, al ego, dejando la productividad y el éxito individual en segundo plano, desintoxicando el pensamiento. Esta inacción no va a ser un elemento con el que autoflagelarse, sino un acto profundamente activo, ético y de solidaridad. El despojamiento del ego es fundamental en la doctrina budista y en otras corrientes religiosas y de pensamiento de Asia Oriental y quizá en este desprendimiento del yo se encuentren nuevas formas de pensamiento aplicables a las vivencias actuales que nos acontecen.

El vacío se presenta como un respiro, un desecho de imposiciones externas y un reencuentro con la cultura asiática más conectada y libre, frente a la negativa de encontrar alguna salida posible a la hora de pensar en alternativas al capitalismo tardío. A diferencia de otras tecnologías puestas en el ojo de la crítica en el momento de la globalización, el pensamiento japonés tuvo una suerte de anonimato en su máximo auge, siendo este el de la Escuela de Kioto. No fue hasta después del fallecimiento de sus tres principales exponentes, Kitarō Nishida, Keiji Nishitani y Hajime Tanabe, cuando los planteamientos de la Escuela fueron cuestionados, comentados y observados en occidente, a pesar de todos los contactos anteriores. Precisamente, quizá esto fuera la clave para su desarrollo de modo tal que tuvo cierta libertad en cuanto a no ser cuestionado o visto desde el juicio de los ambientes filosóficos occidentales, los cuales no disponían del conocimiento suficiente de la lengua japonesa para leer la obra en el idioma original. Lo que sí está claro es que la difusión del pensamiento oriental en occidente no ha hecho más que posicionar a Asia en un lugar que no le corresponde, perpetuando estereotipos y favoreciendo aún más esa concepción orientalista de Asia Oriental como 'lo otro" no solo como algo diferente, si no exótico y extremadamente ajeno.

La renuncia de los placeres sensoriales en pos de la experiencia pura ya no se observa porque han desaparecido los sólidos modelos alternativos al capitalismo que solían ser la base de aquellas luchas y organizaciones de antaño. Las grandes movilizaciones políticas del pasado las cuales se formaban en base a unas luchas comunes han perdido mucha fuerza, las formas de canalizar el malestar colectivo se han fragmentado y traspasado al mundo virtual. Hoy la resistencia se diluye en expresiones estéticas y poco comprometidas, que además resultan extremadamente efímeras y vulnerables a la espectacularización, dando como resultado narrativas muy polarizadas y simplificadas. El algoritmo digital determina y dirige todo aquello que recibimos, todos los estímulos, mensajes e imágenes se dirigen a un público concreto con unos objetivos muy definidos.

Pensar en la técnica fuera de occidente

Si volvemos a tomar la discusión sobre la técnica de Yuk Hui, esta ofrece una vía alternativa al hacernos pensar en la perspectiva cultural y material que diferencian a Asia Oriental de Occidente. Su planteamiento permite imaginar una relación distinta con el trabajo, con el cuerpo y con la tecnología desarrollada, al no estar esta última totalmente alineada con la eficiencia, sino que también nació en un espacio que incluyó factores existenciales en su técnica, alejándose en algunos puntos del modelo occidental de progreso vacío. El planteamiento de una técnica diferente a la occidental parece no haberse discutido demasiado, sin embargo volver a pensar en la técnica, y además en una técnica que nace fuera de Europa puede abrir debates muy valiosos que busquen soluciones a los peligros más latentes surgidos en los últimos tiempos.

Una vez más, la vinculación de la filosofía con la religión que albergan estos modelos de pensamiento orientales ayuda a trazar una vía de escape al tender puentes con la tradición, romper con el nihilismo consumado y concebir esperanza y posibilidad ante la muerte de las tradiciones que caracteriza la posmodernidad. Una vez planteado este método o vía de pensamiento alternativo, existe la posibilidad de abrir otro debate al tomar estas enseñanzas orientales en occidente ya que la llegada de conceptos desde oriente a occidente siempre ha supuesto un aplazamiento y una transformación de estos. Son conocidos los contratiempos y obstáculos que se presentan al aplicar conceptos orientales en occidente, ya que no se deben colocar a la par, sino que es necesario que el diálogo sea horizontal a fin de establecer los matices y las diferencias fundamentales. Los intentos por una comparación directa entre conceptos con un trasfondo cultural tan diferente siempre han supuesto la destrucción cosmológica de estos conceptos orientales, véase, por ejemplo, en la modernidad las atrocidades que se han cometido contra el arte chino, el budismo o la ceremonia del té en occidente (Hui, 2024). Esta perversión cosmológica ha sido la responsable de la popularización de prácticas orientales tradicionales en espacios de ocio sin un genuino respeto o conocimiento de la tradición.

El carácter dominante propio de la modernidad occidental no lo tuvo China, y ni siquiera Japón, donde sí podríamos encontrar formas de dominación similares a las occidentales, y que de forma no casual se han tratado de omitir, no es coincidencia que tras la II Guerra Mundial se hayan desdibujado los orígenes de la modernidad japonesa y se haya establecido un olvido estratégico. Se ha tratado de camuflar con narrativas de desarrollo autóctono o renacimiento cultural a los vínculos imperialistas condicionados y forzados que Japón llevó a cabo tras la tutela americana en la Era Meiji. La historia moderna de Japón ha sido trazada en occidente desde un determinado marco interpretativo que enmascara parte de los sucesos que han llevado al país a moldear su identidad, al igual que los orígenes de su tecnología. Japón ha sido vista como una nación muy potente, importadora de las tecnologías occidentales, que ha trabajado sin descanso para el desarrollo de su economía y su modernización, como si estos procesos de modernización pudieran darse de forma neutral. El desarrollo de la técnica en Japón cuenta con un origen primigenio que parece haberse ocultado con el relato de innovación y éxito, que a su vez se encuentra dentro de unas estructuras de poder que han subordinado a los países de Asia frente a la hegemónica tecnología Occidental.

La propuesta de Yuk Hui es fundamental para volver a rehacer la idea de una tecnología con una trayectoria única y universalizada. La técnica, no importa a qué nivel de sofisticación se encuentre, no deja de encontrarse ampliamente unida a la tradición de la cultura de cada pueblo, y a las necesidades y valores que estos hayan creado a lo largo de su historia. El desarrollo tecnológico y la ciencia nunca han sido neutros y recuperar la pluralidad y el por qué de sus cuestiones, resultan desafiantes tanto para el nihilismo como para la crisis existencial de nuestros días.

6. Conclusión

A lo largo de esta investigación, han sido muchas las reflexiones, las preguntas y los debates que se nos han presentado durante su desarrollo. Traspasando lo académico, este trabajo nos ha invitado al planteamiento de un ejercicio crítico y profundamente reflexivo en relación a una realidad que, en muchas ocasiones, es planteada de forma hegemónica y limitada, cerrando las posibilidades hacia nuevos debates y teorías alternativas. La investigación nos ha conducido no solo a la puesta en duda de los marcos conceptuales predominantes, sino también a una revisión profunda de los mismos.

Un trabajo como este, que comenzó como una llamada de atención hacia los problemas contemporáneos que atraviesan tanto las sociedades de Asia Oriental como las de Occidente, y su reflexión mediante la filosofía y los modelos de pensamiento oriental, se ha convertido en un amplio análisis que abarca múltiples temáticas y planteamientos teóricos muy trascendentales en los tiempos que nos acontecen, gracias a las obras de numerosos autores tanto de Oriente como de Occidente.

Creemos profundamente que con este trabajo hemos logrado establecer los diálogos que tan necesarios nos resultan para una sólida conexión con la cuestión posmoderna entre Oriente y Occidente. El establecimiento de un contacto, una puesta en común teórica libre de los invasivos estereotipos que a menudo están presentes incluso en la producción académica más rigurosa. La clave del presente trabajo no pretende lanzar una respuesta cerrada hacia el problema planteado, sino más bien, una apertura hacia la creación de más preguntas, invitar a la reflexión profunda para futuras investigaciones o los intereses genuinos de aquellas personas interesadas en los problemas de la posmodernidad dados en todo el mundo.

En definitiva, este trabajo se expone como un acercamiento transversal entre los distintos modelos de pensamiento que han surgido en ambas zonas del mundo, a través de la característica proximidad entre el pensamiento filosófico y la religión propia del budismo zen, desarrollado en Japón y, más adelante en el siglo XX, puesta en común con las obras de diversos pensadores europeos de alta importancia. Se ha construido un marco teórico que ha dado espacio a pensar de nuevo sobre las crisis contemporáneas desde perspectivas no hegemónicas, con la intención de proporcionar nuevas alternativas repensadas fuera del marco occidental.

Nos resulta, del mismo modo necesario, dejar constancia de los límites dentro de esta investigación, en cuanto a cuestiones de extensión y profundidad en algunas cuestiones tratadas debido a la compleja naturaleza de muchos de los planteamientos de algunos autores. La complejidad del tema ha requerido una toma de decisiones selectivas en cuanto a la designación de autores, conceptos y corrientes filosóficas, con la intención de proyectar una investigación que pueda ofrecer una visión clave y articulada sobre el tema planteado. No obstante esta limitación tiene el objetivo de abrir nuevos caminos para el estudio del *karōshi* y las consecuencias del capitalismo global en Asia Oriental.

Para finalizar este trabajo, resulta fundamental retomar la pregunta que hace Yuk Hui en su obra *La pregunta por la técnica en China* (2024: 57), citando al propio Keiji Nishitani pregunta lo siguiente: "¿Puede la nada absoluta apropiarse de la modernidad y construir así una nueva historia del mundo que no esté limitada por la modernidad occidental?"

BIBLIOGRAFÍA

Allison, A. (2014). *Precarious Japan*. Duke University Press.

Berardi, F. (2017). *Futurabilidad. La era de la impotencia y el horizonte de posibilidad*. (H. Salas, Trad.). Colección futuros próximos, 25. Buenos Aires: Caja Negra.

Biznaga. (2024). *La gran renuncia. ¡AHORA! Montgrí*.

Calderón, C. (2024). *El problema de la turistificación en Japón*. Trabajo inédito de la asignatura de Cambio Urbano y Territorial en Asia Oriental. Universidad de Sevilla.

Doi, L. T. (1962). *Amae-a key concept for understanding Japanese personality structure. Psychologia*.

Eagleton, T. (2000). *La idea de cultura. Una mirada política sobre los conflictos culturales*. (Del Castillo, R-J. Trad.) Ediciones Paldós Ibérica.

Esquivel, V., Faur, E., & Jelin, E. (2012). *Hacia la conceptualización del cuidado: familia, mercado y estado*. Las lógicas del cuidado infantil. Entre las familias, el Estado y el mercado.

Fernández, L. (2022). *La virtualidad de un deseo poscapitalista a través de la disidencia cultural*. Trabajo de Fin de Grado inédito defendido en la Universidad Complutense de Madrid en junio de 2024. Facultad de Filosofía.

Fisher, M. (2016). *Realismo capitalista : ¿No hay alternativa?* (C. Iglesias, Trad) Colección Futuros próximos,08. Buenos Aires: Caja negra.

Fisher, M. (2021). Deseo postcapitalista. Las últimas clases. (M. Gonnet, Trad). Colección Futuros próximos.56. Buenos Aires: Caja negra.

Han, B-C. (2014). *PSICOPOLÍTICA. Neoliberalismo y nuevas técnicas de poder.* (A. Bergés, trad.). Editorial Herder. Pensamiento Herder. Dirigido por Manuel Cruz.

Graeber, D. (2018). *Trabajos de mierda.* (García, I. Trad.) Editorial Planeta, S.A.

Hui, Y. (2024). *La pregunta por la técnica en China. Un ensayo sobre cosmotécnica* (M. Gonnet, Trad.). Colección Futuros próximos, 59. Buenos Aires: Caja Negra.

Huntington, S. (2001). *El choque de las civilizaciones y la reconfiguración del orden mundial.* (Tosaus, J-P. Trad.) Editorial Paidós SAICF.

Iwabuchi, K. (2002). *Recentering globalization: Popular culture and Japanese transnationalism.* Duke University Press.

Lacalle, Charo; Gómez-Morales, Beatriz; Vicent-Ibáñez, Mireya (2023). *Misogyny and the construction of toxic masculinity in the Spanish Manosphere* (Burbuja.info)".

Lyotard, J-F. (1987). *La condición posmoderna. Informe sobre el saber.* (Antolín, R. Trad.) Ediciones Cátedra S.A.

Mouer, R., & Kawanishi, H. (2005). *A sociology of work in Japan.*

Nishitani, K. (1999). *La religión y la nada* (R. Bouso García, Trad.). Ediciones Siruela.

North, S., & Morioka, R. (2016). Hope found in lives lost: karoshi and the pursuit of worker rights in Japan. *Contemporary Japan.*

Osorio, M. (2010). *Turismo masivo y alternativo. Distinciones de la sociedad moderna/posmoderna.* Convergencia, 235-260.

Standing, G. (2014). *Precariado. Una carta de derechos.* (De Francisco, A. Trad.). Editor digital: Titivillus.

Pujol, I. G. (2014). La evolución interpretativa del artículo 9 de la Constitución de Japón. *Asiadémica: Revista universitaria de estudios sobre Asia Oriental.*

North, R. S. (2000). *Karōshi* Activism and Recent Trends in Japanese Civil Society: Creating Credible Knowledge and Culture. *Japanstudien*, 79–103.

Vattimo, G. (1985). *El fin de la modernidad. Nihilismo y hermenéutica en la cultura posmoderna.* (Bixio, A-L. Trad.) Editorial Gedisa S.A.

Vattimo, G. Y Zabala, S. (2011). *Comunismo hermenéutico de Heidegger a Marx.* Editorial Herder.

Published
in September
2025

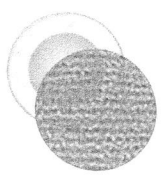

Faber & Sapiens